Vicen Sánchez Guerrero

APULEYO EDICIONES   FOMENTO DE VALORES   CUENTOS ILUSTRADOS

LOS COLORES DEL ALMA

APULEYO EDICIONES   FOMENTO DE VALORES   CUENTOS ILUSTRADOS

Dedicado a mis hijos, especialmente a mi hija Fátima, por ser la estrella que vino a iluminar nuestro hogar en una Noche de Reyes.

Había una vez un mañoso tejedor al que le había sido encargado un hermoso tapiz. En su cesto de mimbre, donde tenía sus utensilios, había un montón de madejas de hilos de colores arremolinadas y felices por ser las protagonistas de tan meticulosa y especial misión.

Al principio, todos los hilos de colores se sabían dichosos por creer ser el color más bonito y esencial.

La madeja de color amarillo tomó la palabra y dijo:

—Seré el color principal y protagonista porque tengo el color del sol que nos alumbra a todos.

—¿Y qué pasa conmigo? —exclamó el color rojo—. Soy más importante que tú porque tengo el color de la sangre. Además, gracias a mí, tú, color amarillo, puedes hacer tu color más rojizo e intenso.

El verde tomó la palabra para decir que sin él no podrían tejerse los árboles ni los campos y se unió al grupo de los que ellos consideraban importantes.

Acto seguido, el marrón, quien también se sabía esencial, saltó de la cesta, alegre y presumido, para contestar:

—Sin mí no se puede tejer el tronco de los árboles ni los tejados de las casas, ni siquiera el pelo de los persona-jes de un paisaje.

El color azul se hizo hueco entre todos ellos y habló así:

—¿Y qué pasa conmigo? Sin mí no habrá cielo ni ríos ni agua cristalina en el paisaje.

Y así, uno a uno, todas las madejas de colores fueron saltando fuera de la cesta del tejedor porque sabían que iban a ser necesarias y que serían las escogidas para elaborar el precioso tapiz.

Dentro de la cesta, en un rincón, había un color escondido del que nadie se acordó. Ni él mismo supo de su valor. Pensaba que no era imprescindible; ni siquiera necesario. Incluso, se diría que era feo y triste. Era el color negro.

—¡Pobre de mí! Permaneceré aquí solo mientras que todos ellos formarán parte de algo que lucirá bonito en las casas de las personas. Ellos, mis compañeros, son alegres y lo pasarán bien entremezclándose unos con los otros para confeccionar algo único. Yo, sin embargo, solo aporto oscuridad donde voy —se decía mientras sollozaba.

El tiempo pasaba y el tejedor, día tras día, seguía confeccionando su hermoso paisaje, haciendo uso de cada color según fuese la tarea a realizar. Y el amarillo, tal y como él esperaba, configuró el sol que brillaba en lo alto de una montaña elaborada con el color marrón que, junto a verde, habían configurado altos abetos.

El color azul se entremezclaba con el blanco para dar distintos matices al cielo y al agua del río que bajaba correteando montaña abajo. Junto al río, había unos patos salvajes que aún no estaban terminados, pero que lucían hermosos con un plumaje lindo de color violeta.

El color negro seguía en un rincón, avergonzado de no servir para nada que no fuese oscuridad y miedo.

Pero llegó el día en el que el tapiz estaba casi acabado cuando, para el asombro de todos, oyeron decir al tejedor: «Ahora le toca el turno al más importante de todos los colores».

Todos estaban expectantes por saber a cuál de ellos se refería y se miraban los unos a los otros esperando oír su nombre para saltar desde la cesta al bastidor de nuevo.

El tejedor alzando la voz dijo: «Haga su presencia el color negro».

—¡Oh! —gritaron todos al unísono—. ¡Si ese color es el color más triste de todos!

El color negro saltó de su rincón, sin esperarse tanto protagonismo, y ocupó su lugar entre los dedos del tejedor quien, con de-

licadeza, lo enhebraba en una aguja dora-
da, muy fina y especial con la que ninguno
de los otros colores había sido enhebrado.

Y él mismo vio cómo el tejedor lo fue pasando delicadamente sobre el telar, usándolo para hacer las labores más minuciosas y espléndidas del paisaje. Y comprobó, ante el asombro de todos los demás colores, que, gracias a él, las mariquitas tenían puntos negros, los patos tenían picos hermosos que les servían para beber y comer, los animales tenían ojos para ver y hocicos para oler y husmear, además de pezuñas para corretear por los campos.

Y, gracias a él, aparecieron contornos de sombras en el paisaje, el humo de la chimenea de las casas, los ojos de los seres humanos y las sombras de cada figura del paisaje.

Y todos los colores se sintieron avergonzados y comprendieron que sin el color negro, la vida no tendría matices, los colores no tendrían diferentes gamas, no se podría compartir una taza de café negro con los amigos y no se podría ver a las estrellas brillar en la noche.

Y todos los colores aprendieron que, todos los colores son necesarios e importantes y, aunque el color negro era conocido por ser un color oscuro, no siempre la oscuridad es signo de tristeza. Fue el color blanco quien tomó la palabra y le dijo:

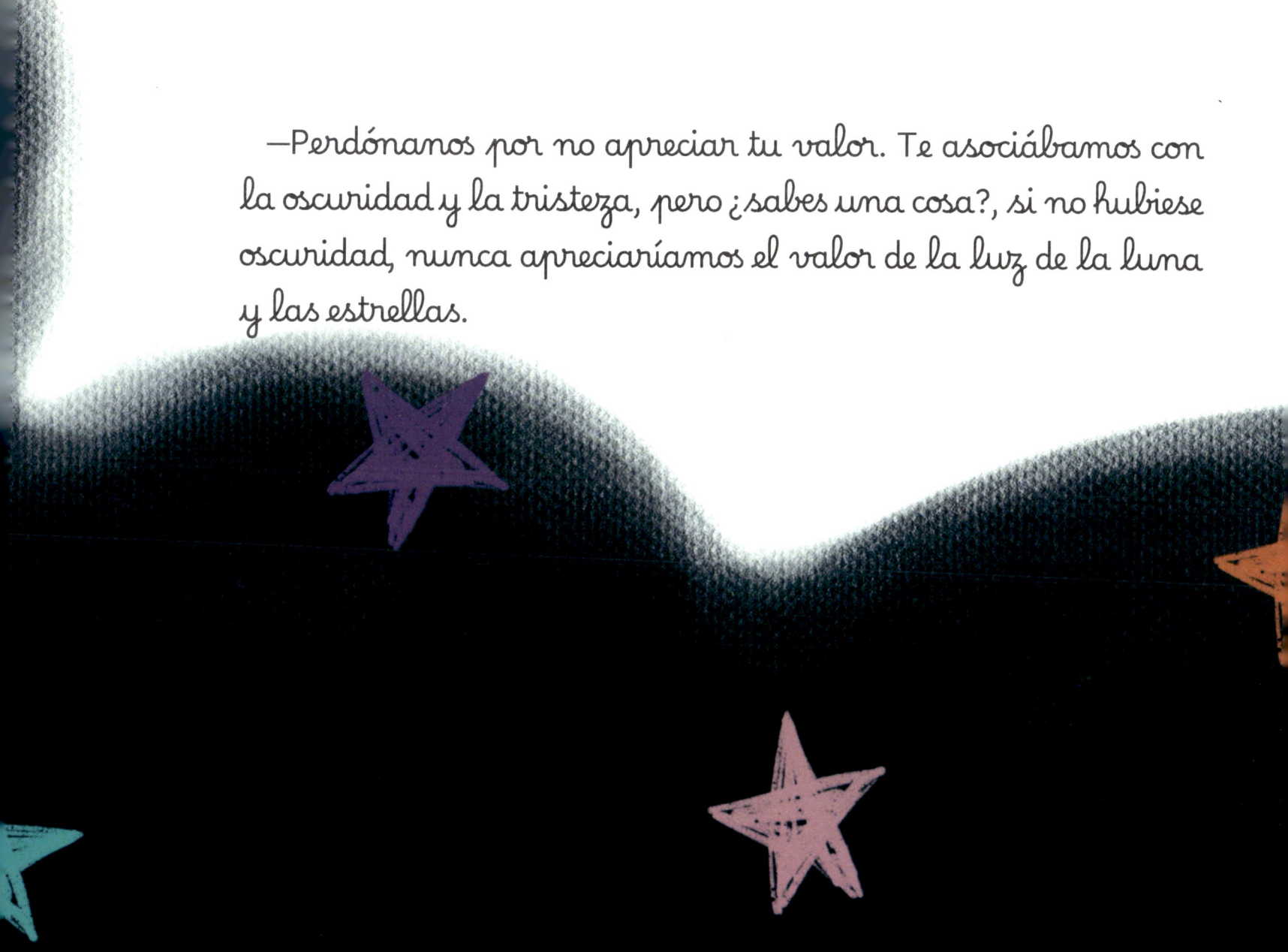

—Perdónanos por no apreciar tu valor. Te asociábamos con la oscuridad y la tristeza, pero ¿sabes una cosa?, si no hubiese oscuridad, nunca apreciaríamos el valor de la luz de la luna y las estrellas.

—Todos debéis saber —dijo el tejedor a todos los colores— que todos los objetos y seres necesitan el color negro porque sin él no pueden proyectar su sombra. Y todos los colores os necesitáis entre sí para componer y crear otros colores parecidos y con matices diferentes. Cada uno de vosotros debe saber utilizar sus propiedades y habilidades para aprender, crecer y superar las dificultades.

Aprended también que la oscuridad también tiene su importancia porque si no hubiera oscuridad, nunca podríamos apreciar y ver la luz de las estrellas en el firmamento.

Y en la vida de todos los seres hay momentos que pueden parecer oscuros, pero que nos ayudarán a superarnos y crecer.

Y solo así, con los colores claros y oscuros de nuestras vidas lograremos tejer el tapiz de nuestra vida: Un tapiz que será único y especial como lo somos cada uno de nosotros.

Luego, acercándose al color negro le dijo:

—Recuerda siempre, mi querido color negro, que las diferencias son las que hacen que el mundo sea mejor, más plural, más bonito y especial, y será el respeto a esas diferencias lo que lo hará más humano y más justo.

No olvides nunca que tú eres tan valioso como los demás y que, por difícil que sean las experiencias vividas, siempre habrá brillo y esperanza en tu corazón, porque la belleza de las personas no está en su apariencia física, sino en su corazón y en su alma.

© Vicen Sánchez Guerrero(de la obra)
©Apuleyo Ediciones (de esta edición)
Primera edición en Apuleyo Ediciones: Diciembre 2024
Diseño de cubierta: Alejandro Rosas
Corrección: Aitor Andreu Guerrero
Maquetación: Alejandro Rosas
Ilustraciones: Fabi Cassanelli
Coordinación editorial: Isidoro Cidre González
info@apuleyoediciones.com
www.apuleyoediciones.com
ISBN: 978-84-1060-411-7
Depósito legal: H 478-2024

Hecho e impreso en España.